Made in the USA
Monee, IL
20 December 2021

86683371R00068